Klöße & Knödel

HAUSGEMACHT SIND SIE AM BESTEN

EDITION XXL

Inhalts-verzeichnis

Vorwort

In Norddeutschland nennt man ihn Kloß, in Süddeutschland heißt er Knödel, aber eines haben sie beide gemeinsam: Sie werden liebevoll von Hand zubereitet.

Knödel und Klöße gibt es schon seit dem Mittelalter. Spätestens seit die Kartoffel in Deutschland ihren Einzug hielt, wurden Knödel und Klöße in vielfältiger Form hergestellt. Wer sagt, dass Knödel immer rund sein müssen, der irrt. Aus Böhmen stammen die länglichen Kloßleibe, die meistens in einem Tuch gegart und anschließend in Scheiben geschnitten werden. Auch werden Knödel häufig mit verschiedenen Zutaten gefüllt – der Fantasie sind hier wohl kaum Grenzen gesetzt.

Ob rund oder länglich, gefüllt oder ungefüllt: Die wohlschmeckenden Beilagen zu Gänsebraten, Sauerbraten oder anderen Fleisch- oder Fischgerichten sind äußerst beliebt. So richtig gut schmecken sie, wenn man sie mit viel Soße serviert. Aber auch nur mit einem Salat oder als süße Version sind sie eine willkommene Speise.

Dieses Kochbuch mit den verschiedensten Knödel-Varianten soll auch dazu anregen, die alten Rezepte wieder neu zu entdecken.

IHR G. POGGENPOHL

Ratgeber

Zutaten

Natürlich ist auch bei der Zubereitung von Klößen und Knödeln entscheidend, welche Zutaten verwendet werden – nicht nur für den Geschmack, sondern auch für das Gelingen. Verwenden Sie nur frische Zutaten von guter Qualität.

Kartoffelknödel und -klöße

Für Kartoffelknödel oder Kartoffelklöße ist es wichtig, dass die Kartoffeln möglichst viel Stärke enthalten. Verfügen sie über zu wenig Stärke, können die Klöße oder Knödel beim Garvorgang zerfallen.

Am besten geeignet sind mehligkochende Kartoffelsorten (z. B. Adretta, Likaria, Afra, Bintje, Melody, Talent). Jedoch sollten sie nicht zu lange gelagert worden sein, da sich die Stärke, die den Knödel beim Garen zusammenhält, im Lauf der Zeit zersetzt. Auch Frühkartoffeln sind zur Herstellung von Kartoffelknödeln nicht geeignet.

Je nach Rezept werden die Kartoffeln in der Schale gekocht und gepellt oder es wird ein Teil der Kartoffeln geschält, roh gerieben und danach mit den gekochten Kartoffeln vermischt, wie z. B. bei den Thüringer Klößen (Seite 18), den Bauernknödeln (Seite 25) oder den Pfälzer Knepp (Seite 16). Werden roh geriebene Kartoffeln verarbeitet, ist es wichtig, dass sie vor dem Vermengen mit den übrigen Zutaten sorgfältig ausgepresst werden. Dazu wird die Kartoffelmasse in ein sauberes Geschirrtuch gegeben und die Flüssigkeit durch mehrfaches

PFÄLZER KNEPP

Zusammendrehen der oberen Tuchenden kräftig ausgedrückt. Im Handel sind auch spezielle Kartoffelpressen erhältlich, mit denen die Flüssigkeit durch hohen Druck ausgepresst werden kann.

KNÖDELROULADE

Semmelknödel

Zur Herstellung von Semmelknödeln oder -klößen werden altbackene Brötchen bzw. Semmeln verwendet. Ideal sind sie, wenn sie ein bis drei Tage alt sind. Auch altbackene Brezeln sind eine gute Grundzutat bei verschiedenen herzhaften Knödelrezepten (Seite 34 und 35). Im Handel ist auch fertiges Knödelbrot erhältlich.

Beim Garen sollte darauf geachtet werden, dass die Semmelknödel nicht zu lange kochen, da sie sonst zäh werden.

Serviettenknödel

Für diese Art von Knödel wird der Teig zu einer Rolle geformt und in ein Tuch eingewickelt. So wird er in kochendes Wasser gelegt und vorsichtig gegart. Das Tuch sollte nicht zu fest am Knödelteig anliegen, da der Knödel beim Garen noch aufgehen kann.

GERMKNÖDEL

Süße Knödel

Knödel und Klöße eignen sich auch als süße Hauptspeise oder als Nachtisch: allen voran die beliebten Germknödel (Seite 66), Bayrische Zwetschgenknödel (Seite 73) oder Holsteiner Apfelklöße (Seite 78). Der Knödel- oder Kloßteig wird dabei aus Hefeteig, Kartoffeln oder einer Mischung aus Mehl, Kartoffeln, Grieß und geriebenem Obst hergestellt und mit köstlichen Früchten oder Mus gefüllt.

Verschiedene Füllungen

Knödel und Klöße können ebenso mit verschiedenen herzhaften Zutaten gefüllt werden: z. B. mit würzigem Käse, Tomaten, Leberwurst, Sauerkraut, Grieben, Räucherfisch, Kürbis oder Spinat. So wird aus einer Beilage ein köstliches Hauptgericht.

Zubereitung

Den zubereiteten Knödel- oder Kloßteig formt man am besten mit angefeuchteten Händen. Legen Sie die fertigen, schön rund geformten Klöße oder Knödel zunächst auf eine Platte oder einen großen Teller. Erst wenn alle fertig geformt sind, geben Sie die Klöße oder Knödel in das kochende Wasser. Reduzieren Sie dann die Temperatur und beachten Sie die jeweilige Garzeit. Die meisten Knödel oder Klöße dürfen im heißen Wasser nur ziehen und nicht kochen, sie würden sonst zerfallen.

Der Teig von Grieß-, Polenta- oder Mehlklößchen wird mit zwei Esslöffeln abgestochen und ins kochende Wasser gegeben.

Runde Knödel und Klöße brauchen beim Garen viel Platz und sollten sich nicht berühren. Am besten verwenden Sie einen großen Topf und lassen die Knödel und Klöße in reichlich Wasser ziehen. In der Regel sind sie dann fertig, wenn sie an der Wasseroberfläche schwimmen und sich drehen.

Holsteiner Mehlmusklöße in Specksuppe

Zutaten für 4 Personen:

Für die Klöße:
500 ml Wasser
1 TL Salz, 2 Eier
2 EL Butter
375 g Mehl

Für die Specksuppe:
150 g getrocknete Bohnen
250 g geräucherter Schweinebauch
4 Karotten
1 Bund gemischte Kräuter
2 EL Öl
100 g Erbsen
200 g Backpflaumen
6 EL Essig, 2 EL Zucker
Salz, Pfeffer

Zubereitung:

1. Für die Specksuppe die Bohnen am Abend vorher in reichlich Wasser einweichen.

2. Den Schweinebauch in einen Topf mit 750 ml Wasser geben und ca. 1 ½ Stunden kochen. Aus der Brühe nehmen und nach dem Abkühlen in kleine Würfel schneiden.

3. Die Karotten putzen und in Stifte schneiden. Die Kräuter abbrausen, trocken schütteln und grob hacken. Die Bohnen durch ein Sieb abschütten.

4. Das Öl in einer Pfanne erhitzen und die Bauchfleischwürfel darin anbraten.

5. Die Bohnen in dem Fleischsud ca. 45 Minuten kochen, dann die Karotten dazugeben und weitere 10 Minuten kochen. Nun die Erbsen, die Kräuter, die Backpflaumen und die angebratenen Bauchfleischwürfel in die Suppe geben, mit Essig, Zucker, Salz und Pfeffer würzen.

6. Für die Klöße das Wasser mit dem Salz und der Butter zum Kochen bringen. 250 g des Mehles in das Wasser rühren, bis ein glatter Teig entsteht. Den Topf vom Herd nehmen und ein Ei in den Teig einrühren. Den Teig abkühlen lassen, das restliche Mehl und das zweite Ei in den Teig einarbeiten.

7. Reichlich Wasser in einem Topf erhitzen. Aus dem Teig Klöße formen, in das kochende Wasser geben und ca. 10 Minuten ziehen lassen.

8. Die Suppe auf Teller verteilen und die fertigen Klöße darauf anrichten.

Grieß-Klösschen

Zutaten für 4 Personen:

100 g weiche Butter
2 Eier
200 g Hartweizengrieß
Muskat
Salz

Zubereitung:

1. Die Butter mit einem Schneebesen cremig rühren, dann mit Salz und Muskat würzen. Die Eier nach und nach einrühren, den Weizengrieß untermischen und den Teig 10 Minuten ruhen lassen.

2. Nocken oder kleine Klößchen formen und in siedendem Salzwasser ca. 20 Minuten ziehen lassen.

{ Griessklösschen werden vorwiegend als Suppeneinlage verwendet, sie schmecken aber auch als Beilage zu verschiedenen Hauptgerichten. }

Hennen-KNÖDEL

Zutaten für 4 Personen:

250 ml Milch
6 altbackene Brötchen
1 Zwiebel
250 g Hähnchenfleisch
½ Bund Petersilie
1 unbehandelte Zitrone
2 Eier
2 EL Mehl
Muskat
Salz, Pfeffer

Zubereitung:

1. Die Brötchen in Stücke teilen und die erhitzte Milch darübergießen. Zugedeckt ca. 15 Minuten ziehen lassen.

2. Die Zwiebel abziehen und mit dem Fleisch durch den Fleischwolf drehen, sodass eine feine Masse entsteht. Die Petersilie abbrausen, trocken schütteln und fein hacken. Die Zitrone waschen und die Schale abreiben.

3. Die Eier, die Petersilie, die Zitronenschale, die eingeweichten Brötchen und das Mehl zu der Fleischmasse geben. Zu einem Teig verkneten, mit Muskat, Salz und Pfeffer kräftig würzen.

4. Aus dem Teig Knödel formen und in reichlich siedendem Salzwasser ca. 20 Minuten ziehen lassen. In einer Geflügel- oder Gemüsebrühe servieren.

Die Kartoffelklösse passen sehr gut in ein Kräuterrahmsüppchen. Sie können sie aber auch ebensogut zu einem Gulasch oder einem Braten mit Sosse servieren.

Kartoffel-Klösse

Zutaten für 4 Personen:

1 kg Kartoffeln (mehligkochend)
75 g Grieß
75 g Kartoffelstärke
1 Ei
1 Zwiebel
1 EL Butterschmalz
Muskat
Salz, Pfeffer

Zubereitung:

1. Die Kartoffeln waschen, in der Schale gar kochen, pellen und durch eine Presse drücken. Den Grieß, die Kartoffelstärke und das Ei dazugeben und vermischen.

2. Die Zwiebel abziehen, in kleine Würfel schneiden und im geschmolzenen Butterschmalz andünsten. Zu der Kartoffelmasse geben und mit Muskat, Salz und Pfeffer würzen. Alles gut verkneten und Klöße daraus formen.

3. Die Klöße in reichlich siedendem Salzwasser ca. 20 Minuten ziehen lassen.

Käs-KNÖDEL

Zutaten für 4 Personen:

100 ml Wasser
4 EL Sahne
4 altbackene Vollkornbrötchen
½ Bund Petersilie
1 Zwiebel
100 g würziger Käse
1 EL Butter
3 EL Sonnenblumenkerne
4 EL Kartoffelstärke
2 Eigelb
Salz, Pfeffer

Zubereitung:

1. Das Wasser mit der Sahne erhitzen. Die Brötchen klein schneiden, die Sahne darübergießen und ca. 10 Minuten ziehen lassen.

2. Die Petersilie abbrausen und trocken schütteln, die Zwiebel abziehen und beides fein hacken. Den Käse in kleine Würfel schneiden.

3. Die Butter in einer Pfanne schmelzen und die Zwiebel darin glasig dünsten.

4. Alle Zutaten bis auf den Käse zu der Brötchenmasse geben, gut vermischen und mit Salz und Pfeffer abschmecken. Aus dem Teig acht Knödel formen und dabei die Käsestücke in die Mitte der Knödel einarbeiten. In reichlich siedendem Salzwasser ca. 20 Minuten ziehen lassen.

5. Die Knödel in einer Gemüsesuppe servieren.

Sesam-Knödel

Zutaten für 4 Personen:

400 g Kartoffeln (mehligkochend)
1 EL Butter, 1 Ei
4 EL Kartoffelstärke
2 EL Thymian
Muskat, Salz, Pfeffer
50 g Sesam
Fett zum Frittieren

Zubereitung:

1. Die Kartoffeln waschen, in der Schale gar kochen, pellen und durch eine Presse drücken. Die Butter schmelzen, mit dem Ei und der Kartoffelstärke unterrühren und mit Thymian, Muskat, Salz und Pfeffer würzen.

2. Aus dem Teig 16 Knödel formen und in Sesam wälzen. Reichlich Fett in einem Topf mäßig erhitzen und die Knödel darin frittieren. Dazu passt ein gemischter Salat.

Tomatenknödel auf Feldsalat

Zutaten für 4 Personen:

Für die Knödel:

400 g Kartoffeln (mehligkochend)
1 EL Butter, 1 Ei
4 EL Kartoffelstärke
8 Cocktailtomaten
8 große Basilikumblätter
Muskat
Salz, Pfeffer

Für den Salat:

250 g Feldsalat
1 kleine Zwiebel
60 g Walnüsse
4 EL Balsamico-Essig
3 EL Olivenöl
1 TL Zucker
1 EL Basilikum
Salz, Pfeffer

Zubereitung:

1. Die Kartoffeln waschen, mit der Schale gar kochen, pellen und durch eine Presse drücken. Die Butter schmelzen und mit dem Ei zu den Kartoffeln geben. Die Kartoffelstärke nach und nach einarbeiten, mit Muskat, Salz und Pfeffer würzen.

2. Aus dem Teig acht Knödel formen, mit je einer Cocktailtomate und einem Blatt Basilikum füllen. In reichlich siedendem Salzwasser 10 Minuten ziehen lassen.

3. Den Feldsalat waschen, verlesen und auf Teller verteilen. Die Zwiebel abziehen und fein hacken. Die Walnüsse grob zerteilen und mit den übrigen Zutaten zu einer Salatsoße vermischen. Über den Feldsalat träufeln und die Knödel darauf anrichten.

Meerrettich-KNÖDEL

Zutaten für 4 Personen:

1 Zwiebel
1 EL Butter
3 Eier
250 ml Milch
300 g Knödelbrot
2 EL Mehl
4 EL geriebener Meerrettich
Salz, Pfeffer

Zubereitung:

1. Die Zwiebel abziehen, fein hacken und in geschmolzener Butter andünsten. Die Eier mit der Milch verquirlen. Die Eiermischung und die Zwiebel über das Knödelbrot geben, unterrühren und etwas ruhen lassen. Das Mehl und den Meerrettich einarbeiten, mit Salz und Pfeffer abschmecken.

2. Die Knödelmischung in ein feuchtes Tuch geben, zu einer Rolle formen und an den Enden zusammenbinden. Reichlich Salzwasser zum Kochen bringen, den Serviettenknödel in das Wasser legen und ca. 30 Minuten köcheln.

3. Den Knödel aus dem Tuch nehmen, ausdampfen lassen und in Scheiben geschnitten zu Gemüse servieren.

BÖHMISCHE Kartoffelknödel MIT KRUSTENBRATEN

Zutaten für 4 Personen:

Für den Krustenbraten:
1 kg Schweineschulter
Paprikapulver, 1 Zwiebel
2 Knoblauchzehen
2 Karotten
1 Stange Lauch
3 EL Bratfett
Salz, Pfeffer

Für die Knödel:
750 g Kartoffeln (mehligkochend)
40 g Butter
200 g Mehl
100 g Grieß
1 Ei
Muskat
Salz

Zubereitung:

1. Den Backofen auf 200 °C vorheizen. Das Schweinefleisch an der Schwarte mit einem scharfen Messer in Rauten einschneiden. Den Braten mit Salz und Pfeffer würzen und mit dem Paprikapulver einreiben.

2. Die Zwiebel und die Knoblauchzehen abziehen und hacken. Das Gemüse putzen und in grobe Stücke schneiden.

3. Das Fleisch mit der eingeschnittenen Schwarte nach oben, das Bratfett und das Gemüse in einen Bräter geben. Im vorgeheizten Backofen den Schweinebraten ca. 1½ Stunden braten. Das Fleisch währenddessen hin und wieder mit der Bratensoße übergießen.

4. Wenn das Fleisch gar ist, den Braten herausnehmen und warm stellen, den Bratensatz mit 250 ml Wasser loskochen. Mit dem Pürierstab die Flüssigkeit zu einer sämigen Soße verarbeiten und mit Salz und Pfeffer abschmecken.

5. Für die Knödel die Kartoffeln waschen und kochen. Wenn sie gar sind, pellen und durch eine Presse drücken.

6. Die Butter schmelzen und mit den anderen Zutaten unter die Kartoffeln kneten. Mit Salz und Muskat würzen, zu Knödeln formen. In einem großen Topf mit siedendem Wasser ca. 15 Minuten ziehen lassen.

Traditionell isst man zu diesem Gericht Rotkohl. Eine leckere Variante sind Rosenkohl oder Sauerkraut.

PFÄLZER *Knepp*

Traditionell isst man dazu ein deftiges Fleischgericht und trinkt einen Pfälzer Weisswein.

Zutaten für 4 Personen:

1 kg Kartoffeln (mehligkochend)
1 Ei
2 EL Kartoffelstärke
Muskat
Salz, Pfeffer

Zubereitung:

1. Die Kartoffeln schälen und waschen. Eine Hälfte davon in Salzwasser weich kochen, die restlichen Kartoffeln fein reiben. Die geriebenen Kartoffeln in ein Küchentuch geben und kräftig auspressen.

2. Die gekochten Kartoffeln abgießen und durch eine Kartoffelpresse drücken, mit den rohen Kartoffeln, dem Ei und der Kartoffelstärke vermischen. Die Kartoffelmasse mit Salz, Pfeffer und Muskat abschmecken.

3. In einem großen Topf Wasser erhitzen, aus der Kartoffelmasse gleich große Knödel formen und in siedendem Salzwasser ca. 25 Minuten ziehen lassen.

SERVIEREN SIE ZUR ABWECHSLUNG DIE GRÜNE KNEPP STATT MIT BRATENSOSSE MIT EINER SAHNESOSSE UND STREUEN SIE PARMESAN DARÜBER.

Grüne Knepp

Zutaten für 4 Personen:

500 g Spinat
1 Zwiebel
1 Bund Petersilie
50 g Butter
200 g Semmelbrösel
2 Eier
1 EL Mehl
Muskat
Salz, Pfeffer

Zubereitung:

1. Den Spinat waschen, verlesen und grob schneiden. Die Zwiebel abziehen und fein hacken. Die Petersilie abbrausen, trocken schütteln und hacken.

2. Die Butter schmelzen, die Zwiebel darin andünsten, den Spinat dazugeben, mitdünsten, bis er zusammenfällt, und dann abkühlen lassen.

3. Die Semmelbrösel, die Petersilie, die Eier und das Mehl unter die Spinatmasse rühren, mit Muskat, Salz und Pfeffer abschmecken.

4. Reichlich Salzwasser zum Kochen bringen, aus der Masse Knödel formen und ca. 10 Minuten gar ziehen lassen.

Thüringer Klöße

Zutaten für 4 Personen:

1 EL Butter
4 EL Weißbrotwürfel
1 kg Kartoffeln
1 Ei
2 EL Kartoffelstärke
Muskat
Salz, Pfeffer

Zubereitung:

1. Die Butter in einer Pfanne erhitzen und die Brotwürfel darin anrösten.

2. Die Kartoffeln schälen und waschen. Eine Hälfte in Salzwasser weich kochen, die restlichen Kartoffeln fein reiben. Die geriebenen Kartoffeln in ein Küchentuch geben und kräftig auspressen.

3. Die gekochten Kartoffeln abgießen und durch eine Kartoffelpresse drücken, mit den geriebenen Kartoffeln, dem Ei und der Kartoffelstärke vermischen. Die Kartoffelmasse mit Salz, Pfeffer und Muskat abschmecken.

4. In einem großen Topf Wasser erhitzen. Von der Kartoffelmasse gleich große Portionen abnehmen, flach drücken, einige Brotwürfel hineingeben und runde Klöße formen. In siedendem Salzwasser ca. 25 Minuten ziehen lassen.

{ Passt besonders gut zu Gulasch, Hascheesosse oder Sauerbraten. Rotkohl sollte unbedingt dabei sein. }

Paprika-Knödel

Zutaten für 4 Personen:

2 Paprikaschoten
1 kg Kartoffeln
1 Ei
2 EL Kartoffelstärke
2 EL Paprikapulver
Salz, Pfeffer

Zubereitung:

1. Die Paprikaschoten waschen, entkernen und in kleine Würfel schneiden.

2. Die Kartoffeln schälen und waschen. Eine Hälfte in Salzwasser weich kochen, die restlichen Kartoffeln fein reiben. Die geriebenen Kartoffeln in ein Küchentuch geben und kräftig auspressen.

3. Die gekochten Kartoffeln abgießen und durch eine Kartoffelpresse drücken, mit den rohen Kartoffeln, dem Ei, den Paprikastücken und der Kartoffelstärke vermischen. Die Kartoffelmasse mit Paprikapulver, Salz und Pfeffer würzen.

4. In einem großen Topf Wasser erhitzen. Aus der Kartoffelmasse gleich große Knödel formen und im siedendem Salzwasser ca. 20 Minuten ziehen lassen.

{ Zu Paprikaknödeln schmeckt Tomatensosse besonders gut. }

Hessische Klösse

Zutaten für 4 Personen:

100 ml Milch
1 altbackenes Brötchen
1 kg Kartoffeln, 4 EL Butter
1 Ei, 4 EL Kartoffelstärke
1 EL Paprikapulver
800 g Karotten
200 ml Brühe, 1 Bund Petersilie
Muskat, Zucker
Salz, Pfeffer

Zubereitung:

1. Die Milch erhitzen, über das Brötchen gießen und ziehen lassen.

2. Die Kartoffeln waschen, mit der Schale gar kochen, pellen und durch eine Presse drücken. Zwei Esslöffel Butter schmelzen und mit dem Ei zu den Kartoffeln geben. Die Kartoffelstärke, das zerpflückte Brötchen und das Paprikapulver nach und nach einarbeiten, mit Muskat, Salz und Pfeffer würzen. Aus dem Teig vier gleich große Klöße formen.

3. Für das Karottengemüse die Karotten putzen und in Scheiben schneiden. Die Petersilie abbrausen, trocken schütteln und fein hacken. Die restliche Butter in einem großen Topf schmelzen und die Karotten andünsten. Mit der Brühe aufgießen, die Klöße daraufsetzen und ca. 25 Minuten dünsten. Die Klöße herausnehmen, die Petersilie zu den Karotten geben, mit Zucker, Salz und Pfeffer würzen. Das Gemüse mit je einem Kloß servieren.

SÄCHSISCHER *Wickelkloß*

Zutaten für 4 Personen:

500 ml Milch, 250 ml Brühe
200 g Grieß, 2 Eier
1 EL weiche Butter
3 EL scharfer Senf
2 EL Honig
200 g gekochter Schinken
6 Essiggurken
6 eingelegte Maiskolben
Muskat, Salz, Pfeffer

Zubereitung:

1 Die Milch mit der Brühe aufkochen, den Grieß einrühren und nochmals aufkochen. Den Topf vom Herd nehmen und den Grieß ca. 10 Minuten quellen lassen. Wenn der Grieß abgekühlt ist, die Eier einarbeiten und mit Salz, Pfeffer und Muskat würzen.

2 Ein Stück Alufolie mit Butter bestreichen und die Grießmasse 2 cm dick darauf verteilen. Darauf achten, dass genügend Rand frei bleibt.

3 Den Senf mit dem Honig verrühren und auf den Grieß streichen. Mit dem Schinken, den Essiggurken und den Maiskolben belegen. Nun alles zu einer Rolle formen, die Alufolie auf beiden Seiten zusammendrehen und in kochendem Wasser ca. 30 Minuten kochen. Vor dem Servieren in Scheiben schneiden. Dazu passt Tomaten- oder grüner Salat.

KLÖSSE BRAUCHEN BEIM GAREN PLATZ, SIE MÖGEN ES NICHT ZU KALT UND NICHT ZU HEISS! DARAUF SOLLTEN SIE ACHTEN, DAMIT DIE KNÖDEL PERFEKT GELINGEN.

Leberwurstknödel auf Rotkohl

Zutaten für 4 Personen:

Für die Knödel:
700 g Kartoffeln
200 g Mehl
1 Ei
200 g grobe Leberwurst
2 EL Majoran
Muskat
Salz, Pfeffer

Für den Rotkohl:
750 g Rotkohl
2 EL Essig, 2 Zwiebeln
3 EL Gänseschmalz
2 EL Zucker
250 ml Rotwein
5 Gewürznelken
2 Äpfel
Salz, Pfeffer

Zubereitung:

1. Für die Knödel die Kartoffeln waschen, kochen, pellen und durch eine Presse drücken. Das Mehl und das Ei dazugeben und alles zu einem Teig verarbeiten. Mit Muskat, Salz und Pfeffer abschmecken.

2. Für den Rotkohl die äußeren Blätter des Krautkopfes entfernen. Den Kopf halbieren, den Rotkohl in Streifen schneiden und mit dem Essig vermischen. Die Zwiebeln abziehen und fein hacken. Das Schmalz in einem Topf erhitzen und die Zwiebeln darin andünsten. Den Zucker dazugeben und darin karamellisieren.

3. Den Rotkohl in den Topf geben, etwas andünsten, dann mit dem Rotwein ablöschen, die Gewürznelken unterrühren und bei geschlossenem Deckel ca. 30 Minuten dünsten. Kurz vor Ende der Garzeit die Äpfel in das Blaukraut reiben, mit Salz und Pfeffer abschmecken.

4. Für die Füllung der Knödel die Leberwurst mit dem Majoran vermischen und zu kleinen Kugeln formen.

5. Den Kartoffelteig auf einer bemehlten Arbeitsfläche ca. 1 cm dick ausrollen. Mit einem Messer 10 x 10 cm große Quadrate ausschneiden, jeweils 1 Kugel Leberwurstfüllung darauflegen und Knödel formen.

6. In einem großen Topf reichlich Wasser zum Kochen bringen und die Knödel darin ca. 20 Minuten ziehen lassen.

Schlesische Hefeklösse

Zutaten für 4 Personen:

30 g Frischhefe
1 EL Zucker
200 ml lauwarme Milch
40 g Butter
500 g Mehl
2 Eier
Salz

Zubereitung:

1. Die Hefe mit etwas Zucker in die Milch einrühren und an einem warmen Ort ca. 15 Minuten gehen lassen.

2. Die Butter in einem Topf schmelzen, mit dem Mehl, den Eiern, dem restlichen Zucker, etwas Salz und der Milchhefemischung zu einem glatten Teig verarbeiten.

3. Eine Rolle formen, in dicke Scheiben schneiden und zu Klößen formen. Die Klöße mit der Nahtseite nach unten auf eine bemehlte Fläche legen und zugedeckt gehen lassen, bis sie um ein Drittel größer geworden sind.

4. Die Klöße auf den eingefetteten Dämpfeinsatz eines Topfes geben und ca. 15 Minuten bei geschlossenem Deckel im Dampf garen. Dazu passen Kräuterbrösel und Rosenkohl.

Bauern-KNÖDEL

Zutaten für 4 Personen:

1 kg Kartoffeln (mehligkochend)
1 Zwiebel
50 g durchwachsener Speck
100 g Kassler
2 EL Kartoffelmehl, 1 Ei
Muskat
Salz, Pfeffer

Zubereitung:

1. Die Kartoffeln schälen und waschen. Eine Hälfte in Salzwasser weich kochen, die restlichen Kartoffeln fein reiben. Die geriebenen Kartoffeln in ein Küchentuch geben und kräftig auspressen.

2. Die Zwiebel abziehen. Den Speck, das Kassler und die Zwiebel in Würfel schneiden.

3. Die gekochten Kartoffeln abgießen und durch eine Kartoffelpresse drücken, mit den rohen Kartoffeln und den anderen Zutaten vermischen. Die Kartoffelmasse mit Muskat, Salz und Pfeffer abschmecken.

4. In einem großen Topf reichlich Wasser erhitzen, aus der Kartoffelmasse gleich große Knödel formen und im heißen Salzwasser ca. 30 Minuten ziehen lassen. Dazu passen Kassler und Sauerkraut.

Zutaten für 4 Personen:

½ Bund Petersilie
1 Zwiebel
150 g geräucherter Speck
1 EL Butter
3 Eier, 250 ml Milch
300 g Knödelbrot
2 EL Mehl
Salz, Pfeffer

Tiroler Speckknödel

Zubereitung:

1 Die Petersilie abbrausen, trocken schütteln, die Blätter von den Stielen zupfen und fein hacken. Die Zwiebel abziehen und fein hacken. Den Speck in Würfel schneiden und in einer Pfanne auslassen. Die Butter dazugeben und die Zwiebel darin anbraten.

2 Die Eier mit der Milch verquirlen. Die Eiermischung, den Speck und die Zwiebel über das Knödelbrot geben, unterrühren und ca. 20 Minuten ziehen lassen. Das Mehl und die Petersilie dazugeben, mit Salz und Pfeffer abschmecken.

3 Reichlich Salzwasser zum Kochen bringen. Aus der Knödelmasse acht gleich große Knödel formen und vorsichtig in das siedende Wasser gleiten lassen. Die Temperatur reduzieren und die Knödel ca. 15 Minuten gar ziehen lassen.

Bayrische Sauerkraut-Knödel

Zutaten für 4 Personen:

Für die Knödel:
700 g Kartoffeln (mehligkochend)
200 g Mehl, 1 Ei
Muskat
Salz, Pfeffer

Für die Füllung:
1 Zwiebel
100 g geräucherter Speck
1 EL Öl, 150 g Sauerkraut
Salz, Pfeffer

Zubereitung:

1. Die Kartoffeln waschen, kochen, pellen und durch eine Presse drücken. Die übrigen Zutaten dazugeben und alles zu einem Teig verarbeiten. Mit Muskat, Salz und Pfeffer abschmecken.

2. Für die Füllung die Zwiebel abziehen und mit dem Speck in Würfel schneiden. Das Öl in einem Topf erhitzen, den Speck anbraten, die Zwiebel und das Sauerkraut dazugeben. Mit Salz und Pfeffer würzen.

3. Den Kartoffelteig auf einer bemehlten Arbeitsfläche ca. 1 cm dick ausrollen. Mit einem Messer 10 x 10 cm große Quadrate ausschneiden, die Füllung auf dem Teig verteilen und Knödel formen.

4. In einem großen Topf reichlich Wasser zum Kochen bringen und die Knödel darin ca. 20 Minuten ziehen lassen. Dazu passen gebratene Zwiebelringe und ein frischer Blattsalat.

Schwäbische Kartoffelknödel

Zutaten für 4 Personen:

1 kg Kartoffeln (mehligkochend)
500 ml Milch
3 Brötchen
1 Bund Schnittlauch
150 g Speck
3 Scheiben Toastbrot
2 Zwiebeln
150 g Mehl
Salz, Pfeffer

Diese Knödel können mit Fleisch und Soße serviert werden, schmecken aber auch „solo" sehr gut.

Zubereitung:

1 Die Kartoffeln waschen, kochen, pellen und durch eine Presse drücken.

2 Die Milch erhitzen und die Brötchen darin einweichen. Den Schnittlauch abbrausen, trocken schütteln und in Ringe schneiden. Den Speck und die Toastscheiben in kleine Würfel schneiden. Die Zwiebeln abziehen und fein hacken.

3 Den Speck in einer Pfanne auslassen, die Zwiebeln dazugeben und mitbraten. Alles aus der Pfanne nehmen und die Brotwürfel in dem verbliebenen Fett anrösten.

4 Die eingeweichten Brötchen ausdrücken und mit den anderen Zutaten zu den Kartoffeln geben. Alles vermischen, mit Salz und Pfeffer abschmecken und zu Knödeln formen.

5 In einem großen Topf reichlich Wasser zum Kochen bringen und die Knödel darin ca. 20 Minuten ziehen lassen.

WESTFÄLISCHE Grieben-KLÖSSE

Zutaten für 4 Personen:

400 g fetter, durchwachsener Speck
500 g Kartoffeln (mehligkochend)
20 g Butter
100 g Mehl
30 g Grieß
1 Ei
Muskat, Salz

Zubereitung:

1. Den Speck in feine Würfel schneiden und in einem Topf so lange braten, bis er fast vollständig ausgelassen ist. Die entstandenen Grieben aus dem Fett nehmen.

2. Die Kartoffeln waschen, kochen, pellen und durch eine Presse drücken.

3. Die Butter schmelzen und mit dem Mehl, dem Grieß und dem Ei zu den Kartoffeln geben. Mit Muskat und Salz würzen und zu einem Teig verarbeiten.

4. Den Kartoffelteig portionieren, flach drücken, mit den Grieben füllen und zu Klößen formen.

5. In einem großen Topf reichlich Wasser zum Kochen bringen und die Klöße darin ca. 15 Minuten ziehen lassen.

Pikante Käseknödel auf Pilzsoße

Zutaten für 4 Personen:

Für die Knödel:

400 g Kartoffeln (mehligkochend)
3 EL Butter, 1 Ei
4 EL Kartoffelstärke
Muskat, Salz, Pfeffer
2 Knoblauchzehen
60 g Semmelbrösel
1 Bund gemischte Kräuter
200 g Pfefferkäse
3 EL gehackte Haselnüsse

Für die Soße:

500 g Pilze
2 EL Butter
200 g Crème fraîche
Salz, Pfeffer

Zubereitung:

1. Für die Knödel die Kartoffeln waschen, mit der Schale gar kochen, pellen und durch eine Presse drücken.

2. 1 EL Butter schmelzen und mit dem Ei zu den Kartoffeln geben. Die Kartoffelstärke nach und nach einarbeiten und mit Muskat, Salz und Pfeffer würzen.

3. Die Knoblauchzehen abziehen und fein hacken. Die restliche Butter in einer Pfanne schmelzen und die Semmelbrösel mit dem Knoblauch darin anrösten.

4. Die Kräuter abbrausen, trocken schütteln und fein hacken. Den Käse in kleine Würfel schneiden, mit der Hälfte der Kräuter und den Haselnüssen vermischen.

5. Den Teig in acht gleich große Stücke teilen, flach drücken, mit der Käsemasse füllen und zu Knödeln formen. In reichlich siedendem Salzwasser 10 Minuten ziehen lassen. Anschließend die Knödel in den Knoblauch-Semmelbröseln wälzen.

6. Für die Soße die Pilze putzen, die Butter in einer Pfanne schmelzen und die Pilze darin andünsten. Die Crème fraîche und die restlichen Kräuter unterrühren, mit Salz und Pfeffer abschmecken.

{ FÜR DIE SOSSE SIND KLEINE SPEISEPILZE GUT GEEIGNET, Z. B. STOCKSCHWÄMMCHEN ODER PFIFFERLINGE. }

Böhmische Knödel

Zutaten für 4 Personen:

30 g Frischhefe
1 EL Zucker
200 ml lauwarme Milch
40 g Butter
500 g Mehl
2 Eier
Salz

Zubereitung:

1. Die Hefe mit etwas Zucker in die Milch einrühren, an einem warmen Ort ca. 15 Minuten gehen lassen.

2. Die Butter in einem Topf schmelzen und mit dem Mehl, den Eiern, dem restlichen Zucker, dem Salz und der Milchhefemischung zu einem glatten Teig verarbeiten. Zwei Rollen formen und zugedeckt ca. 30 Minuten gehen lassen.

3. Reichlich Salzwasser zum Kochen bringen und die Knödelrollen darin zugedeckt ca. 20 Minuten ziehen lassen. Vor dem Servieren in Scheiben schneiden.

Servieren Sie zu den Knödeln ein Zwiebel-Paprika-Relish:

5 Zwiebeln und 1 rote Paprika klein schneiden. Mit ⅛ l Wein und ⅛ l Essig, Salz, Zucker und Pfeffer ca. 1 Stunde einkochen.

Knödel-ROULADE

Zutaten für 4 Personen:

1 Zwiebel
1 EL Butter
3 Eier
250 ml Milch
300 g Knödelbrot
2 EL Mehl
3 Bund Rucola
200 g Mozzarella
Salz, Pfeffer

Zubereitung:

1. Die Zwiebel abziehen, fein hacken und in geschmolzener Butter andünsten. Die Eier mit der Milch verquirlen. Die Eiermischung und die Zwiebel über das Knödelbrot geben, unterrühren und etwas ruhen lassen. Das Mehl einarbeiten und die Masse mit Salz und Pfeffer abschmecken.

2. Den Rucola putzen und waschen, den Mozzarella halbieren und in Scheiben schneiden.

3. Die Knödelmischung auf ein feuchtes Tuch ausbreiten, den Rucola und den Mozzarella auf der Knödelmischung verteilen. Alles zu einer Rolle formen und das Tuch an den Enden zusammenbinden. Reichlich Salzwasser zum Kochen bringen, die Knödelroulade in das Wasser legen und ca. 30 Minuten köcheln.

4. Die Knödelroulade aus dem Tuch nehmen, ausdampfen lassen und in Scheiben geschnitten servieren.

Herzhafte Brezenrolle

Zutaten für 4 Personen:

1 Zwiebel	250 ml Milch
1 EL Butter	300 g Laugenbrezeln
1 Bund Rucola	2 EL Mehl
3 Eier	Salz, Pfeffer

Zubereitung:

1. Die Zwiebel abziehen, fein hacken und in geschmolzener Butter andünsten. Den Rucola putzen, waschen und klein schneiden. Die Eier mit der Milch verquirlen. Die Eiermischung und die Zwiebel über die klein geschnittenen Brezeln geben, unterrühren und etwas ruhen lassen. Das Mehl und den Rucola einarbeiten und mit Salz und Pfeffer abschmecken.

2. Die Knödelmischung auf einem feuchten Tuch verteilen. Dann zu einer Rolle formen und das Tuch an den Enden zusammenbinden. Reichlich Salzwasser zum Kochen bringen, die Knödelrolle in das Wasser legen und ca. 30 Minuten köcheln.

3. Die Knödelrolle aus dem Tuch nehmen, ausdampfen lassen und in Scheiben geschnitten servieren. Nach Belieben geschmorte Paprikastreifen dazureichen.

Brezen-KNÖDEL

Zutaten für 4 Personen:

1 Bund Petersilie
1 Bund Majoran
1 Zwiebel
300 g Laugenbrezeln
3 Eier
250 ml Milch
2 EL Mehl
Salz, Pfeffer

Zubereitung:

1. Die Petersilie und den Majoran abbrausen, trocken schütteln, die Blätter von den Stielen zupfen und hacken. Die Zwiebel abziehen und fein hacken. Die Brezeln in kleine Stücke schneiden.

2. Die Eier mit der Milch verquirlen. Die Eiermischung über die Brezelstücke geben, unterrühren und ca. 20 Minuten ziehen lassen. Das Mehl, die Petersilie, den Majoran und die Zwiebel dazugeben und mit Salz und Pfeffer abschmecken.

3. Reichlich Salzwasser zum Kochen bringen und aus der Knödelmasse acht gleich große Knödel formen. Vorsichtig in das heiße Wasser legen, die Temperatur reduzieren und die Knödel ca. 15 Minuten gar ziehen lassen.

Deutsche Knödel

Zutaten für 4 Personen:

500 g Mehl
5 Eier
1 Brötchen
200 g Griebenschmalz
Salz

Zubereitung:

1. Das Mehl in eine Schüssel geben, mit den Eiern verrühren und mit Salz würzen. Das Brötchen in Würfel schneiden.

2. Das Griebenschmalz in einer Pfanne schmelzen und zum Teig geben. Im verbliebenen Fett die Brötchenwürfel anrösten und unter den Teig kneten.

3. Reichlich Salzwasser zum Kochen bringen. Aus der Knödelmasse gleich große Knödel formen und vorsichtig in das heiße Wasser gleiten lassen. Die Temperatur reduzieren und die Knödel ca. 20 Minuten köcheln.

Grünkern-Knödel

Zutaten für 4 Personen:

1 kleine Zwiebel
2 Knoblauchzehen
1 EL Öl
200 g Grünkernschrot
400 ml Gemüsebrühe, 2 Eier
2 EL Kräuter der Provence
2 EL Sonnenblumenkerne
3 EL Mehl
Muskat
Salz, Pfeffer

Zubereitung:

1. Die Zwiebel und die Knoblauchzehen abziehen und fein hacken. Das Öl in einem Topf erhitzen, die Zwiebel darin anbraten, den Grünkernschrot dazugeben und ca. 3 Minuten rösten.

2. Mit der Brühe aufgießen und einmal aufkochen. Das Ganze bei mittlerer Hitze 15 Minuten quellen lassen. Nach dem Abkühlen die Eier, die Kräuter, den Knoblauch, die Sonnenblumenkerne und das Mehl untermischen. Mit Muskat, Salz und Pfeffer kräftig würzen.

3. Aus dem Teig Knödel formen und in reichlich heißem Salzwasser ca. 10 Minuten garen. Nach Belieben mit Sauerkraut servieren.

Bayrische Bohnen-Knödel

Zutaten für 4 Personen:

Für die Knödel:
200 g weiße Bohnen
250 ml Milch
200 g Semmelwürfel
1 Zwiebel
2 Eier
2 EL Bohnenkraut
Salz, Pfeffer

Für die Soße:
100 g Butter
2–3 EL Mehl
200 ml Brühe
2 EL Tomatenmark
1 Lorbeerblatt
200 g weiße Bohnen
Salz, Pfeffer

Zubereitung:

1. Die Bohnen für die Knödel und die Soße am Vortag einweichen und dann im Einweichwasser 45–60 Minuten gar kochen.
2. Die Milch erhitzen, über die Semmelwürfel gießen und zugedeckt ca. 15 Minuten ziehen lassen.
3. Die Zwiebel schälen und fein hacken. Die Bohnen durch ein Sieb abschütten. Die Hälfte der Bohnen mit der Zwiebel, den Eiern und dem Bohnenkraut zu den Semmelwürfeln geben und alles vermischen. Mit Salz und Pfeffer abschmecken.
4. Aus der Masse Knödel formen und in Salzwasser ca. 20 Minuten köcheln.
5. Für die Soße die Butter in einer Pfanne schmelzen. Unter Rühren das Mehl in die Butter streuen und leicht bräunen. Mit der Brühe ablöschen und das Tomatenmark einrühren. Das Lorbeerblatt dazugeben und mit Salz und Pfeffer abschmecken. Die restlichen Bohnen in die Soße geben und alles einige Minuten bei geschlossenem Deckel ziehen lassen.
6. Die Soße auf Tellern verteilen und die Knödel darauf anrichten.

Räucherfisch-KLÖSSE

Zutaten für 4 Personen:

½ Bund Petersilie
3 Eier
250 ml Milch
300 g Knödelbrot
2 EL Mehl
200 g Räucherfisch (z. B. Forellen)
Salz, Pfeffer

Zubereitung:

1. Die Petersilie waschen, trocken schütteln, die Blätter von den Stielen zupfen und hacken.

2. Die Eier mit der Milch verquirlen, die Petersilie dazugeben. Die Eiermischung über das Knödelbrot gießen, unterrühren und etwas ruhen lassen. Das Mehl einarbeiten und mit Salz und Pfeffer abschmecken.

3. Den Räucherfisch in Stücke teilen. Die Kloßmasse in 4 Portionen teilen, flach drücken, mit dem Fisch füllen und zu Klößen formen.

4. Reichlich Salzwasser zum Kochen bringen, die Klöße vorsichtig in das heiße Wasser legen, die Temperatur reduzieren und die Klöße ca. 20 Minuten köcheln.

Karotten-KNÖDEL

BESONDERS LECKER SCHMECKEN DIE KNÖDEL ZU EINER LACHS-SAHNE-SOSSE.

Zutaten für 4 Personen:

500 g Karotten	2 Eier
1 Zwiebel	1 EL Mehl
1 Bund Petersilie	Muskat
50 g Butter	Salz, Pfeffer
200 g Semmelbrösel	

Zubereitung:

1. Die Karotten schälen und fein reiben. Die Zwiebel abziehen und fein hacken. Die Petersilie abbrausen, trocken schütteln und hacken.

2. Die Butter schmelzen und die Zwiebel darin andünsten. Die Semmelbrösel, die Petersilie, die Zwiebel, die Eier und das Mehl unter die Karotten rühren, mit Muskat, Salz und Pfeffer abschmecken.

3. Reichlich Salzwasser zum Kochen bringen, aus der Masse Knödel formen und ca. 10 Minuten gar ziehen lassen.

Kürbis-Knödel

Zutaten für 4 Personen:

400 g eingelegter Kürbis (aus dem Glas)
500 g Kartoffeln (mehligkochend)
20 g Butter
100 g Mehl
30 g Grieß
1 Eigelb
Salz

Zubereitung:

1 Den Kürbis durch ein Sieb abschütten und die Hälfte davon klein schneiden.

2 Die Kartoffeln waschen, kochen, pellen und durch eine Presse drücken. Die Butter schmelzen, zu den Kartoffeln geben, mit dem Mehl, dem Grieß, den klein geschnittenen Kürbisstücken, 1 Prise Salz und dem Eigelb zu einem Teig verarbeiten.

3 Den Teig portionieren, flach drücken, jeweils einige Kürbisstücke daraufgeben und zu Knödeln formen. Reichlich Salzwasser zum Kochen bringen, die Knödel vorsichtig hineinlegen und ca. 15 Minuten ziehen lassen. Nach Belieben vor dem Servieren mit Reibekäse bestreuen.

Haferflocken-Knödel

Zutaten für 4 Personen:

600 g Kartoffeln (mehligkochend)
100 g Haferflocken
60 g Haferkleie
3 Eigelb
1 Bund gemischte Kräuter
Muskat
Salz, Pfeffer

Zubereitung:

1. Die Kartoffeln waschen, kochen, pellen und durch eine Presse drücken.
2. Die Kräuter abbrausen, trocken schütteln und hacken. Alle Zutaten zu den Kartoffeln geben, vermischen, abschmecken und zu Knödeln formen.
3. Wasser in einem großen Topf zum Kochen bringen und die Knödel darin ca. 20 Minuten ziehen lassen.

Diese Knödel schmecken vorzüglich zu Schweinebraten und Feldsalat.

Pikante Kräuter-knödel

Zutaten für 4 Personen:

1 Bund gemischte Kräuter
700 g Kartoffeln (mehligkochend)
200 g Mehl
1 Ei
1 EL rosa Pfeffer
Muskat
Salz, Pfeffer

Zubereitung:

1. Die Kräuter abbrausen, trocken schütteln, die Blätter von den Stielen zupfen und fein hacken.

2. Die Kartoffeln waschen, kochen, pellen und durch eine Presse drücken. Die übrigen Zutaten dazugeben und alles zu einem Teig verarbeiten. Mit Salz, Pfeffer und Muskat abschmecken.

3. Aus dem Kartoffelteig Knödel formen, Wasser zum Kochen bringen und die Knödel darin ca. 15 Minuten ziehen lassen. Nach Belieben mit Tomatensoße servieren.

Diese Semmelknödel eignen sich auch als Beilage zu Barbarie-Ente oder Gans.

Semmelknödel
MIT GEBRATENER WILDENTE

Zutaten für 4 Personen:

Für die Wildente:
2 Wildenten
1 Bund Thymian
20 g Ingwer
100 g Waldhonig
1 EL Zitronensaft
3 EL Sojasoße
Pfeffer
3 EL Bratfett
500 ml Rotwein
200 g Crème fraîche

Für die Knödel:
½ Bund Petersilie
1 Zwiebel
1 EL Butter
3 Eier
250 ml Milch
300 g Knödelbrot
2 EL Mehl
Salz, Pfeffer

Zubereitung:

1. Die Wildenten bratfertig vorbereiten, evtl. vorhandene Federn herausziehen. Den Thymian abbrausen, trocken schütteln und die Blätter von den Stielen zupfen. Den Ingwer schälen und fein reiben. Aus dem Waldhonig, dem Ingwer, dem Zitronensaft, der Sojasoße und etwas Pfeffer eine Marinade herstellen. Die Wildenten über mehrere Stunden immer wieder mit der Marinade einpinseln und trocknen lassen, bis die gesamte Marinade verbraucht ist.

2. Die Wildenten in einen Schmortopf geben, das Bratfett hinzufügen und im Backofen bei 180 °C ca. 1 Stunde braten. Dabei immer wieder mit dem Bratfett übergießen.

3. Für die Knödel die Petersilie abbrausen, trocken schütteln, die Blätter von den Stielen zupfen, die Zwiebel abziehen und beides fein hacken. Die Butter in einer Pfanne schmelzen und die Zwiebel darin andünsten.

4. Die Eier mit der Milch verquirlen, die Petersilie dazugeben. Die Eiermischung und die Zwiebel über das Knödelbrot geben, unterrühren und etwas ruhen lassen. Das Mehl einarbeiten und mit Salz und Pfeffer würzen.

5. Reichlich Salzwasser zum Kochen bringen, aus der Knödelmasse acht gleich große Knödel formen und vorsichtig in das heiße Wasser legen. Die Temperatur reduzieren und die Knödel ca. 15 Minuten gar ziehen lassen.

6. Die Enten aus dem Ofen nehmen. Gegebenenfalls das Fett abgießen. Den Bratensatz mit dem Rotwein ablösen. Die Crème fraîche einrühren und mit Salz und Pfeffer abschmecken. Die Enten tranchieren und mit der Soße und den Knödeln servieren.

Zutaten für 4 Personen:

500 g Mehl
6 Eier
50 ml Milch
Salz

Saarländer KNIDDEL

Zubereitung:

1. Das Mehl mit den Eiern vermischen, die Milch dazugeben und alles verrühren, sodass ein zähflüssiger Teig entsteht. Mit Salz würzen und den Teig ca. 10 Minuten ruhen lassen.

2. Reichlich Salzwasser zum Kochen bringen, den Teig löffelweise in das kochende Wasser geben und ca. 15 Minuten kochen.

{ Mit zerlassener Butter und geriebenem Käse sind die Kniddel eine sättigende Mahlzeit. }

Rohe Kartoffel-Klösse

Zutaten für 4 Personen:

1 kg Kartoffeln (mehligkochend)
1 Ei
3 EL Kartoffelstärke
Salz

Zubereitung:

1. Die Kartoffeln schälen, waschen, fein reiben, in ein Tuch geben und gut ausdrücken. Die ausgedrückten Kartoffeln in eine Schüssel füllen, mit dem Ei und der Kartoffelstärke vermischen und mit Salz abschmecken.
2. Reichlich Salzwasser zum Kochen bringen. Aus der Kartoffelmasse Klöße formen und ca. 15 Minuten im siedenden Wasser ziehen lassen. Nach Belieben mit Braten und Soße servieren.

Zutaten für 4 Personen:

250 g Reis
500 ml Gemüsebrühe
50 g Rosinen
20 g Ingwer
2 Eier
1 EL Curry
Salz, Pfeffer
Fett zum Ausbacken

{ Kombinieren Sie die Reisknödel mit einem exotischen Gemüsecurry. }

Herzhafte Reis-Knödel

Zubereitung:

1. Den Reis in der Gemüsebrühe gar kochen. Vom Herd nehmen und abkühlen lassen.

2. Die Rosinen in Wasser einweichen. Den Ingwer schälen und fein hacken.

3. Alle Zutaten mit dem Reis vermischen, mit Salz und Pfeffer abschmecken. Aus der Reismasse kleine Knödel formen und im heißen Fett ausbacken.

Hirse-KNÖDEL

Zutaten für 4 Personen:

500 ml Milch
30 g Butter
250 g Hirse
2 Eier
2 EL Mehl
Salz, Pfeffer

Zubereitung:

1. Die Milch mit der Butter erhitzen, die Hirse hineingeben und ca. 30 Minuten gar kochen. Vom Herd nehmen und abkühlen lassen.

2. Die Eier und das Mehl unter die Hirsemasse rühren, mit Salz und Pfeffer abschmecken. Aus der Masse Knödel formen. In reichlich siedendem Salzwasser ca. 15 Minuten ziehen lassen. Dazu passt eine cremige Champignon-Sahne-Soße.

Polenta-Klösse

Zutaten für 4 Personen:

250 ml Milch
250 ml Hühnerbrühe
60 g Butter
250 g Polentagrieß
2 Eier
100 g Parmesan
Muskat
Salz, Pfeffer

Zubereitung:

1. Die Milch mit der Brühe und der Butter aufkochen. Den Polentagrieß unter ständigem Rühren in die Flüssigkeit einrieseln lassen und kurz aufkochen lassen, mit Salz, Pfeffer und Muskat abschmecken.

2. Mit einem Deckel verschließen, vom Herd nehmen und ausquellen lassen. Wenn die Masse etwas abgekühlt ist, die Eier unterrühren. Mithilfe von zwei Löffeln Nocken oder Klöße formen und den Parmesan darüberhobeln.

Diese Polentaklösse schmecken sehr gut auf Spinat oder gedünstetem Wirsing.

Gefüllte Polenta-Knödel

Zutaten für 4 Personen:

Für die Knödel:
250 ml Milch
250 ml Hühnerbrühe
60 g Butter
250 g Polentagrieß
2 Eier
1 EL Olivenöl
10 schwarze Oliven
2 Tomaten
50 g Mozzarella
Muskat
Salz, Pfeffer

Für die Füllung:
100 g Spinat
1 Schalotte

Außerdem:
1 EL Butter
80 g geriebener Käse

Zubereitung:

1. Den Spinat waschen und verlesen. Die Schalotte abziehen und fein hacken. Das Öl in einem Topf erhitzen, die Schalotte darin anbraten, den Spinat dazugeben und so lange umrühren, bis er zusammengefallen ist. Die Oliven in grobe Stücke teilen. Die Tomaten waschen, vierteln, entkernen und in Würfel schneiden. Die Oliven und die Tomaten unter den Spinat mischen, mit Salz, Pfeffer und Muskat abschmecken. Den Mozzarella in kleine Stücke schneiden und unter die erkaltete Masse mischen.

2. Die Polentamasse wie im Rezept auf der gegenüberliegenden Seite zubereiten, danach in 8 Portionen teilen und flach drücken. Jeweils etwas von der Spinatmasse daraufsetzen und Knödel formen. Die Knödel in eine gefettete Auflaufform legen, mit Käse bestreuen und ca. 15 Minuten im Backofen bei 200 °C backen.

Pistazien-
Knödel mit Schweinefilet

Zutaten für 4 Personen:

Für das Filet:
400 g Schweinefilet
2 EL Öl
250 ml Rotwein
1 TL Speisestärke
Salz, Pfeffer

Für die Knödel:
1 Zwiebel, 120 g Pistazien
1 EL Butter, 3 Eier
250 ml Milch
300 g Knödelbrot
2 EL Mehl
Salz, Pfeffer

Zubereitung:

1. Das Schweinefilet mit Salz und Pfeffer würzen. Das Öl in einer Pfanne erhitzen und das Schweinefilet darin von allen Seiten ca. 15 Minuten anbraten. Danach das Filet in Alufolie einwickeln und ca. 10 bis 15 Minuten ruhen lassen. Den Rotwein mit der Speisestärke vermischen und den Bratensatz damit loskochen. Die Soße mit Salz und Pfeffer würzen.

2. Die Zwiebel abziehen und fein hacken. Die Pistazien grob zerkleinern. Die Butter in einer Pfanne schmelzen und die Zwiebel darin andünsten.

3. Die Eier mit der Milch verquirlen. Die Eiermischung über das Knödelbrot gießen, die Zwiebeln unterrühren und ca. 20 Minuten ziehen lassen. Das Mehl und die Pistazien dazugeben, mit Salz und Pfeffer abschmecken.

4. Reichlich Salzwasser zum Kochen bringen, aus der Knödelmasse acht gleich große Knödel formen und vorsichtig in das heiße Wasser legen. Die Temperatur reduzieren und die Knödel ca. 15 Minuten gar ziehen lassen.

5. Das Schweinefilet aus der Alufolie nehmen, in dünne Scheiben schneiden, mit den Knödeln und der Soße servieren.

Ricotta-Spinat-Knödel

Zutaten für 4 Personen:

Für die Knödel:
200 g Spinat
1 Zwiebel
2 Knoblauchzehen
1 EL Butter
150 ml Milch
300 g Knödelbrot
1 Ei, 2 EL Mehl
200 g Ricotta
Muskat
Salz, Pfeffer

Für die Soße:
500 g Tomaten
50 g entsteinte Oliven
1 EL Olivenöl
3 EL Basilikum
Salz, Pfeffer

Zubereitung:

1 Für die Knödel den Spinat waschen, verlesen und grob schneiden. Die Zwiebel und den Knoblauch abziehen, fein hacken und alles in geschmolzener Butter andünsten.

2 Die Milch erwärmen, über das Knödelbrot gießen und ziehen lassen.

3 Die Spinatmasse, das Ei, das Mehl und den Ricotta zum Knödelbrot geben und zu einem Teig verarbeiten. Mit Salz, Pfeffer und Muskat kräftig abschmecken.

4 Reichlich Salzwasser zum Kochen bringen, aus der Masse gleich große Klöße formen und vorsichtig in das heiße Wasser legen. Die Temperatur reduzieren und die Klöße ca. 10 Minuten gar ziehen lassen.

5 Für die Soße die Tomaten waschen und in Würfel schneiden, die Oliven in kleine Stücke hacken. Das Olivenöl in einem Topf erhitzen, die Tomaten, die Oliven und das Basilikum kurz darin dünsten. Mit Salz und Pfeffer würzen.

Holsteiner Buchweizen-Klösse

Zutaten für 4 Personen:

1 kg Kartoffeln (mehligkochend)
250 g Räucherspeck
200 g Buchweizenmehl
3 Eier
50 ml Milch
Muskat
Salz, Pfeffer

Zubereitung:

1. Die Kartoffeln waschen, gar kochen, pellen und durch eine Kartoffelpresse drücken.

2. Den Speck fein würfeln und mit dem Mehl, den Eiern und der Milch unter die erkaltete Kartoffelmasse rühren, mit Salz, Pfeffer und Muskat würzen.

3. Reichlich Salzwasser zum Kochen bringen, aus der Masse gleich große Klöße formen und vorsichtig in das heiße Wasser geben. Die Temperatur reduzieren und die Klöße ca. 10 Minuten gar ziehen lassen. Nach Belieben mit gebratenem Speck servieren.

Grieß-Klösse

Zutaten für 4 Personen:

Für die Klöße:
600 g Kartoffeln (mehligkochend)
200 g Grieß
2 Eier
50 g zerlassene Butter
Muskat
Salz

Für die Croûtons:
2 Scheiben Toastbrot
etwas Butter zum Anrösten

Zubereitung:

1. Für die Klöße die Kartoffeln waschen und in ausreichend Salzwasser gar kochen.

2. Die Kartoffeln pellen und in eine Schüssel reiben oder durch eine Kartoffelpresse drücken. Zusammen mit dem Grieß, den Eiern, der zerlassenen Butter und etwas Salz und Muskat zu einem glatten Teig verkneten.

3. Für die Croûtons die Toastbrotscheiben in 1 cm große Würfel schneiden. In einer Pfanne Butter schmelzen und die Brotwürfel darin knusprig braun anrösten.

4. Mit den Händen kleine Klöße formen und in die Mitte jeweils 4 bis 5 Croûtons einarbeiten. In einem großen Topf reichlich Salzwasser zum Kochen bringen und die Klöße nacheinander einlegen. Die Temperatur reduzieren und die Klöße ca. 20 Minuten ziehen lassen.

{ Die Griessklösse passen zu jeder Art von Fleischgerichten. }

Dithmarscher Mehl-Beutel

Zutaten für 4 Personen:

100 g Butter, 5 Eier
500 ml Milch
500 g Mehl
Salz

Zubereitung:

1. Die Butter schmelzen, die Eier trennen, das Eiweiß sehr steif schlagen und das Eigelb cremig rühren. Das Eigelb mit der Milch, ½ TL Salz, dem Mehl und der Butter in eine Schüssel geben. Alles zu einem weichen Teig verarbeiten, dann den Eischnee unterheben.

2. Das Tuch, in dem der Mehlbeutel gekocht werden soll, heiß auswaschen und in eine Schüssel legen, mit etwas Mehl ausstreuen.

3. Den Teig in das Tuch füllen und das Tuch verschließen. Es muss eine Handbreit Luft zwischen Tuch und Teig bleiben, weil der Teig noch aufgeht. Das Tuch mit einer Schnur an einem Kochlöffel festbinden und in kochendes Wasser hängen. Den Mehlbeutel 90 Minuten kochen, dabei das verdampfte Wasser immer wieder durch heißes Wasser ersetzen. Dazu passt entweder Bratensoße oder Apfelmus.

Zutaten für 4 Personen:

½ Bund Petersilie
1 Zwiebel
1 EL Butter
3 Eier
250 ml Milch
450 g gemischtes Gemüse (Tiefkühlware)
300 g Knödelbrot
2 EL Mehl
Salz, Pfeffer

Gemüse-Knödel

Zubereitung:

1. Die Petersilie abbrausen, trocken schütteln, die Blätter von den Stielen zupfen, die Zwiebel abziehen und beides hacken. Die Butter in einer Pfanne erhitzen und die Zwiebel darin andünsten.

2. Die Eier mit der Milch verquirlen, die Petersilie und das aufgetaute Gemüse dazugeben. Die Eiermischung und die Zwiebel über das Knödelbrot schütten, unterrühren und etwas ruhen lassen. Das Mehl einarbeiten und alles mit Salz und Pfeffer würzen.

3. Die Knödelmasse in ein feuchtes Tuch geben, das Tuch oben zusammenbinden. Reichlich Salzwasser zum Kochen bringen, das Tuch in das Wasser legen und ca. 45 Minuten kochen lassen. Das Tuch aus dem Wasser nehmen, etwas ausdampfen lassen, aufbinden und den Gemüseknödel auf einem Teller servieren. Als Beilage eignet sich ein gemischter Salat.

Jäger-Knödel

Zutaten für 4 Personen:

150 g Pfifferlinge
100 g geräucherter Speck
½ Bund Petersilie
1 Zwiebel
1 EL Butter
3 Eier
250 ml Milch
300 g Knödelbrot
2 EL Mehl
Salz, Pfeffer

{ Die Jägerknödel sind die perfekte Beilage zu Wildgerichten. }

Zubereitung:

1. Die Pfifferlinge putzen und mit dem Speck in Würfel schneiden. Die Petersilie abbrausen, trocken schütteln, die Blätter von den Stielen zupfen, die Zwiebel abziehen und beides hacken. Die Butter in einer Pfanne erhitzen, den Speck, die Zwiebel und die Pfifferlinge darin andünsten.

2. Die Eier mit der Milch verquirlen, die Petersilie dazugeben. Die Eiermischung, die Zwiebel, den Speck und die Pfifferlinge über das Knödelbrot schütten, unterrühren und etwas ruhen lassen, das Mehl einarbeiten und alles mit Salz und Pfeffer würzen.

3. Reichlich Salzwasser zum Kochen bringen, aus der Knödelmasse acht gleich große Knödel formen und vorsichtig in das heiße Wasser legen. Die Temperatur reduzieren und die Knödel ca. 15 Minuten gar ziehen lassen.

Haschee-KNÖDEL

Zutaten für 4 Personen:

Für die Knödel:
700 g Kartoffeln (mehligkochend)
200 g Mehl, 1 Ei
Muskat, Salz

Für die Füllung:
100 g Schweinebraten
100 g Kochsalami
100 g Kassler
1 Zwiebel
2 Knoblauchzehen
1 EL Koriander
1 TL Majoran
1 TL Thymian
Pfeffer

Zubereitung:

1. Die Kartoffeln waschen, kochen, pellen und durch eine Presse drücken. Die übrigen Zutaten dazugeben und alles zu einem Teig verarbeiten.
2. Für die Füllung alle Zutaten durch einen Fleischwolf drehen und abschmecken. Dann aus der Masse 2–3 cm dicke Kugeln formen.
3. Den Kartoffelteig auf einer bemehlten Arbeitsfläche ca. 1 cm dick ausrollen. Mit einem Messer 10 x 10 cm große Quadrate ausschneiden und je eine Fleischkugel darin einrollen.
4. In einem großen Topf reichlich Wasser zum Kochen bringen und die Knödel darin ca. 20 Minuten ziehen lassen. Nach Belieben Sauerkraut dazu servieren.

Überbackene Speck-knödel

Zutaten für 4 Personen:

½ Bund Petersilie
1 Zwiebel
20 g Butter
3 Eier
125 ml Milch
300 g Knödelbrot
2 EL Mehl

Zum Überbacken:

50 g Butter
125 g süße Sahne
200 g geriebener Emmentaler
80 g Schinkenspeck

Zubereitung:

1. Für die Knödel die Petersilie abbrausen, trocken schütteln, die Blätter von den Stielen zupfen und hacken. Die Zwiebel abziehen und fein hacken. Die Butter in einer Pfanne erhitzen und die Zwiebel darin andünsten.
2. Die Eier mit der Milch verquirlen. Die Eiermischung über das Knödelbrot gießen und ca. 20 Minuten ziehen lassen. Das Mehl, die Zwiebel und die Petersilie dazugeben, mit Salz und Pfeffer würzen.
3. Reichlich Salzwasser zum Kochen bringen, aus der Knödelmasse 8 gleich große Knödel formen und vorsichtig in das heiße Wasser geben. Die Temperatur reduzieren und die Knödel ca. 15 Minuten gar ziehen lassen. Die Knödel aus dem Wasser nehmen und auskühlen lassen.
4. Den Backofen auf 200 °C vorheizen.
5. Eine Auflaufform mit der Hälfte der Butter ausstreichen. Die Knödel halbieren, mit der Schnittfläche nach unten in die Form legen.
6. Die restliche Butter schmelzen, mit der Sahne und dem Käse vermischen. Gleichmäßig über die Knödel verteilen und im Backofen ca. 15 Minuten backen. Nach etwa 10 Minuten den Schinkenspeck auf die Knödel legen und mit Oberhitze überbacken.

FÜR EIN BESONDERS HERZHAFTES GERICHT KÖNNEN SIE 150 GRAMM SPECKWÜRFEL IN DEN KNÖDELTEIG EINARBEITEN.

Marinierte Knödel

Zutaten für 4 Personen:

4 Schalotten
4 EL Olivenöl
2 EL brauner Zucker
50 ml Balsamico-Essig
2 EL gemischte Kräuter
1 Bund Rucola
4 übrig gebliebene Knödel
Salz, Pfeffer

Zubereitung:

1. Die Schalotten abziehen und fein hacken. Das Öl erhitzen und die Schalotten anbraten. Den Zucker zu den Schalotten geben und so lange rühren, bis er geschmolzen ist. Mit dem Balsamico-Essig ablöschen und mit Salz und Pfeffer würzen. Die Kräuter einrühren.

2. Den Rucola waschen und trocknen. Die Knödel in dünne Scheiben schneiden, auf dem Rucola anrichten und die Marinade darübergeben.

Knödel in Käsesosse

Zutaten für 4 Personen:

4 übrig gebliebene Knödel
250 ml Milch
1 EL Kartoffelstärke
250 g Schmelzkäse
Salz, Pfeffer

Zubereitung:

1. Die Knödel in heißem Wasser erwärmen.

2. Die Milch mit der Stärke verrühren, in einem Topf aufkochen und den Käse darin schmelzen. Mit Salz und Pfeffer würzen.

3. Die Knödel mit der Soße servieren.

KLÖSSE IN *Grünkohl-* SUPPE

Zutaten für 4 Personen:

1 kg Grünkohl
1 Zwiebel
50 g Butter
1 ½ l Fleischbrühe
200 g Crème fraîche
4 übrig gebliebene Klöße
Muskat
Salz, Pfeffer

Zubereitung:

1. Den Grünkohl in einzelne Blätter zerlegen. Die Grünkohlblätter von den dicken Stielen abstreifen, verlesen und waschen.

2. Die Zwiebel abziehen und klein hacken. In einem Suppentopf die Butter schmelzen und die Zwiebel andünsten. Den Grünkohl in den Topf geben, kurz mitdünsten und mit der Brühe aufgießen. Den Grünkohl bei geschlossenem Deckel ca. 20 Minuten garen, ab und zu umrühren.

3. Nach der Garzeit die Crème fraîche einrühren. Die Suppe mit dem Pürierstab pürieren, mit Muskat, Salz und Pfeffer würzen. Die Klöße in Streifen schneiden oder ganz mit der Suppe zusammen servieren.

Angebratene Knödel

Zutaten für 4 Personen:

4 übrig gebliebene Knödel
200 g Blutwurst
2 EL Butter
1 Glas Mixed Pickles

Zubereitung:

1. Die Knödel in mundgerechte Stücke schneiden. Die Blutwurst in Würfel schneiden.

2. Die Butter in einer Pfanne erhitzen, die Knödel und die Blutwurst darin anbraten.

3. Mit den Mixed Pickles zusammen servieren.

ZUM ANBRATEN EIGNEN SICH BESONDERS SEMMEL-, KARTOFFEL- UND SERVIETTENKNÖDEL.

Überbackene Serviettenknödel

FÜR DIESES REZEPT EIGNEN SICH AM BESTEN SERVIETTENKNÖDEL. SIE KÖNNEN DIE KNÖDELSCHEIBEN AUCH NACH IHREN EIGENEN WÜNSCHEN BELEGEN.

Zutaten für 4 Personen:

100 g Speck
2 Paprikaschoten
3 Tomaten
12 Knödelscheiben
200 g geriebener Käse

Zubereitung:

1. Den Speck, die gewaschenen und entkernten Paprikaschoten und die Tomaten in Würfel schneiden.

2. Die Knödelscheiben mit den verschiedenen Zutaten belegen, den Käse darüberstreuen und im vorgeheizten Backofen bei 180 °C ca. 15 Minuten überbacken.

Knödel-SCHMARREN

Zutaten für 4 Personen:

4 Kartoffel- oder Grießknödel
4 Eier
150 ml Milch
100 g Mehl
4 EL Butter
Salz
etwas Beerenobst
Puderzucker

Zubereitung:

1. Die Knödel in mundgerechte Stücke schneiden. Die Eier mit der Milch und dem Mehl verrühren, mit 1 Prise Salz würzen. Die Knödelstücke in die Eiermasse geben und unterrühren.

2. Die Butter in einer Pfanne schmelzen und die Knödelstücke portionsweise darin braten.

3. Mit einigen Beeren auf Tellern anrichten und mit Puderzucker bestäubt servieren.

Germ-Knödel

Zutaten für 4 Personen:

Für die Knödel:
25 g Frischhefe
50 g Zucker
250 ml Milch
50 g Butter
500 g Mehl
2 Eier
½ TL Salz

Für die Füllung:
1 Glas Pflaumenmus

Für den Guss:
100 g Butter
4 EL gemahlener Mohn
2 EL Zucker

Zubereitung:

1. Die Hefe mit etwas Zucker in die handwarme Milch einrühren und an einem warmen Ort ca. 15 Minuten gehen lassen.

2. Die Butter in einem Topf schmelzen, mit dem Mehl, den Eiern, dem restlichen Zucker, dem Salz und der Hefemilch zu einem glatten Teig verarbeiten.

3. Eine Rolle formen und in dicke Scheiben schneiden. Diese mit je einem Löffel Pflaumenmus füllen und zu Knödeln formen. Die Knödel mit der Nahtseite nach unten auf eine bemehlte Fläche legen und zugedeckt gehen lassen, bis sie um ein Drittel größer geworden sind.

4. Die Knödel in einen großen Topf mit reichlich Salzwasser geben und bei geschlossenem Deckel ca. 5 Minuten kochen. Dann die Knödel umdrehen und weitere 5 Minuten bei offenem Topf kochen.

5. Die Butter schmelzen und den Mohn mit dem Zucker vermischen. Die fertigen Germknödel auf Teller setzen, die Butter darübergießen und den Mohnzucker darüberstreuen.

Marillen-KNÖDEL

Zutaten für 4 Personen:

300 g Magerquark
100 g Mehl
2 EL Semmelbrösel
1 Ei
1 Prise Salz
8 Marillen (Aprikosen)
geröstete Mandelblättchen

Zubereitung:

1. Alle Zutaten bis auf die Marillen miteinander vermischen und zu einem Teig verarbeiten.

2. Die Marillen waschen und den Kern entfernen. Sollten die Marillen sehr sauer sein, jeweils ein Stück Würfelzucker hineingeben.

3. Den Teig portionieren, flach drücken, jeweils eine Marille darauf setzen und zu Knödeln formen. Reichlich Salzwasser zum Kochen bringen, die Knödel vorsichtig einlegen und ca. 15 Minuten ziehen lassen. Mit gerösteten Mandelblättchen bestreuen.

Zu den Marillenknödeln passt eine Weinschaumsoße sehr gut:

4 Eigelbe mit 4 EL Vanillezucker in einer Schüssel schaumig schlagen. Die Schüssel ins heiße Wasserbad stellen und 250 ml Weißwein angießen. Rühren, bis die Soße dickflüssig und cremig ist.

Quark-Klösse

Zutaten für 4 Personen:

Für die Klöße:

250 g Magerquark
1 Ei
3 EL Grieß
2 EL Semmelbrösel
1 EL Zucker
Salz

Für die Sesamkruste:

4 EL Sesam
1 EL Butter
2 EL Zucker

Zubereitung:

1. Alle Zutaten in eine Schüssel geben, zu einem Teig verarbeiten und ca. 10 Minuten ruhen lassen.
2. Reichlich Salzwasser zum Kochen bringen, mit zwei Esslöffeln Klöße oder Nocken formen und in das Wasser geben. Die Temperatur reduzieren und die Klöße ca. 15 Minuten ziehen lassen.
3. Für die Kruste die Butter in einer Pfanne schmelzen und den Sesam mit dem Zucker darin anrösten.
4. Die Klöße mit einer Schaumkelle aus dem Wasser nehmen und im Sesam wälzen.

Überbackene SÜSSE KNÖDEL

Zutaten für 4 Personen:

200 g Magerquark
2 Eigelb
2 EL Zucker
Saft von 1 Zitrone
4 übrig gebliebene süße Knödel
Puderzucker

Zubereitung:

1. Den Quark mit den Eigelben, dem Zucker und dem Zitronensaft vermischen.

2. Die Knödel auf feuerfeste Teller legen und die Quarkmischung portionsweise darauf verteilen. Im vorgeheizten Backofen bei 220 °C ca. 15 Minuten überbacken. Mit Puderzucker bestreuen und servieren.

Süße REISKNÖDEL

Zutaten für 4 Personen:

750 ml Milch
50 g Butter
150 g Reis
50 g Zucker
100 g gemahlene Mandeln
2 Eier
1 TL Zimt
Fett zum Frittieren

Zubereitung:

1. Die Milch mit der Butter erhitzen, den Reis hineingeben und gar kochen. Vom Herd nehmen und abkühlen lassen.

2. Den Zucker, die Hälfte der Mandeln, die Eier und den Zimt unter die Reismasse rühren. Aus der Masse kleine Knödel formen, in den restlichen Mandeln wälzen und in heißem Fett ausbacken.

Walnuss-KLÖSSE

Zutaten für 4 Personen:

200 g Erdbeeren
300 g Magerquark
2 Eier, 80 g gemahlene Walnüsse
20 g Grieß
20 g Zucker
1 EL Butter

Zubereitung:

1. Die Erdbeeren waschen, putzen und in Stücke schneiden.

2. Den Quark mit den Eiern, der Hälfte der Walnüsse, dem Grieß und dem Zucker zu einem Teig verarbeiten. Die Erdbeerstücke unterheben, den Teig ca. 1 Stunde kühl stellen.

3. Die Butter in einer Pfanne schmelzen und die restlichen Walnüsse darin anrösten.

4. Wasser zum Kochen bringen, mit zwei Esslöffeln Nocken oder Klöße formen, ins Wasser geben und ca. 15 Minuten ziehen lassen. Die Klöße auf Tellern anrichten und mit den gerösteten Walnüssen bestreuen.

Frucht-KNÖDEL

Zutaten für 4 Personen:

250 ml Milch
50 g Butter
220 g Mehl
1 Ei
250 g gemischte Früchte (TK oder frisch)
1 EL Krokant
Salz

Zubereitung:

1. Die Milch mit der Butter aufkochen, 1 Prise Salz und das Mehl in die Milch geben. So lange rühren, bis sich der Teig vom Topf löst. Den Teig etwas abkühlen lassen und dann das Ei einrühren.

2. Den Teig portionieren, flach drücken, jeweils 1 EL der Früchte daraufgeben und zu Knödeln formen.

3. Reichlich Salzwasser zum Kochen bringen, die Knödel vorsichtig einlegen und ca. 15 Minuten ziehen lassen. Vor dem Servieren mit Krokant bestreuen.

Pflaumen-KNÖDEL

Zutaten für 4 Personen:

200 g Dörrpflaumen
50 g Butter
250 g Magerquark
150 g Mehl
1 Ei
1 EL Vanillezucker
Orangenzeste zum Bestreuen

Zubereitung:

1. Die Hälfte der Dörrpflaumen klein schneiden. Die Butter in einem kleinen Töpfchen schmelzen.
2. Den Quark mit dem Mehl, der Butter, dem Ei, dem Vanillezucker und den klein geschnittenen Dörrpflaumen zu einem Teig verarbeiten. Den Teig ca. 30 Minuten ruhen lassen.
3. Den Teig portionieren, flach drücken, mit den restlichen Pflaumen füllen und zu Knödeln formen.
4. Wasser zum Kochen bringen und die Knödel darin ca. 15 Minuten ziehen lassen. Die Knödel auf Tellern anrichten und mit Orangenzesten bestreut servieren.

Bayrische Zwetschgen-Knödel

Zutaten für 4 Personen:

500 g Kartoffeln (mehligkochend)	1 Eigelb
40 g Butter	100 g Semmelbrösel
100 g Mehl	8 Zwetschgen
30 g Grieß	Zucker
	Salz

Zubereitung:

1. Die Kartoffeln waschen, kochen, pellen und durch eine Presse drücken. Die Hälfte der Butter schmelzen, zu den Kartoffeln geben, mit dem Mehl, dem Grieß, 1 Prise Salz und dem Eigelb zu einem Teig verarbeiten.

2. Die restliche Butter in einer Pfanne schmelzen und die Semmelbrösel darin anrösten.

3. Die Zwetschgen waschen und den Stein entfernen. Sollten die Zwetschgen sehr sauer sein, werden sie mit einem Stück Würfelzucker gefüllt.

4. Den Teig portionieren, flach drücken, jeweils eine Zwetschge daraufgeben und zu Knödeln formen. Reichlich Salzwasser zum Kochen bringen, die Knödel vorsichtig einlegen und ca. 15 Minuten ziehen lassen. Aus dem Wasser nehmen und in den gerösteten Semmelbröseln wälzen. Nach Geschmack mit Zucker bestreuen.

Quark-knödel auf Fruchtsosse

Zutaten für 4 Personen:

Für die Knödel:
300 g Magerquark
2 EL Mehl
2 EL Semmelbrösel
1 Ei
1 Prise Salz

Für die Soße:
100 ml Orangensaft
1 TL Speisestärke
250 g Beeren
Zucker

Zubereitung:

1. Alle Zutaten für die Knödel miteinander vermischen und zu einem Teig verarbeiten.

2. Den Quarkteig portionieren und zu Knödeln formen. Reichlich Salzwasser zum Kochen bringen, die Knödel vorsichtig einlegen und ca. 15 Minuten ziehen lassen.

3. Den Orangensaft mit der Speisestärke verrühren. Die Beeren waschen und in einem Topf mit dem Orangensaft aufkochen. Mit Zucker abschmecken. Nach Belieben Schlagsahne dazu servieren.

Schoko-Klösse

Zutaten für 4 Personen:

500 ml Wasser
100 g Butter
1 TL Zucker
300 g Mehl
6 Eier
2 Tafeln Schokolade
Salz
Butterschmalz zum Ausbacken
Schokoladensoße

Zubereitung:

1. Das Wasser mit der Butter, 1 Prise Salz und dem Zucker aufkochen. Das Mehl auf einmal dazugeben, glatt rühren und so lange weiterrühren, bis sich ein Kloß bildet, der sich vom Topfboden löst. Vom Herd nehmen und abkühlen lassen.

2. Nach dem Abkühlen des Teiges die Eier einzeln einarbeiten. Den Teig auf einer bemehlten Arbeitsfläche zu einer Rolle formen, portionieren, mit jeweils zwei Stückchen Schokolade füllen und zu Klößen formen.

3. Wasser erhitzen und die Klöße darin 10 Minuten ziehen lassen. Die Klöße aus dem Wasser nehmen und abtropfen lassen.

4. Butterschmalz in einem Topf mäßig erhitzen und die Klöße darin goldbraun ausbacken. Mit Schokoladensoße beträufelt servieren.

Kokos-KNÖDEL

Zutaten für 4 Personen:

300 g Frischkäse
2 Eier
80 g Kokosflocken
20 g Grieß
20 g Zucker

Zubereitung:

1. Den Frischkäse mit den Eiern, der Hälfte der Kokosflocken, dem Grieß und dem Zucker zu einem Teig verarbeiten.

2. Wasser zum Kochen bringen, den Teig zu Knödeln formen und ca. 15 Minuten in heißem Wasser ziehen lassen. Die Knödel aus dem Wasser nehmen und in den restlichen Kokosflocken wälzen.

SCHLESISCHE Apfel-KNÖDEL

Zutaten für 4 Personen:

2 EL Butter
400 g Mehl
3 Eier
125 ml Milch
1 EL Zucker
500 g Äpfel
Salz
Zimtzucker

Zubereitung:

1. Die Butter schmelzen, mit dem Mehl, den Eiern, der Milch, dem Zucker und 1 Prise Salz zu einem Teig verarbeiten.

2. Die Äpfel schälen, entkernen, in kleine Stücke schneiden und mit dem Teig vermischen.

3. Wasser in einem großen Topf zum Kochen bringen, mit zwei Esslöffeln Knödel formen und ca. 15 Minuten in heißem Wasser gar ziehen lassen.

4. Mit Zimtzucker bestreut servieren.

Mohn-Klösse

Zutaten für 4 Personen:

400 g Kartoffeln (mehligkochend)
1 EL Butter, 1 Ei
4 EL Kartoffelstärke
150 g backfertige Mohnzubereitung
Muskat
300 g Kirschkompott

Zubereitung:

1. Die Kartoffeln waschen, in der Schale gar kochen, pellen und durch eine Presse drücken. Die Butter schmelzen und mit dem Ei zu den Kartoffeln geben. Die Kartoffelstärke und die Mohnzubereitung nach und nach einarbeiten und mit Muskat würzen.
2. Aus dem Teig 12 Klöße formen und in reichlich heißem Salzwasser 10 Minuten ziehen lassen. Mit Kirschkompott auf Tellern anrichten.

HOLSTEINER *Apfelklöße*

Zutaten für 4 Personen:

500 g Äpfel
2 EL Zucker
1 TL Zimt
700 g Kartoffeln (mehligkochend)
200 g Mehl, 1 Ei

Zubereitung:

1. Die Äpfel schälen und die Hälfte grob reiben. Die andere Hälfte entkernen, in Würfel schneiden, mit dem Zucker und dem Zimt vermischen.

2. Die Kartoffeln waschen, kochen, pellen und durch eine Presse drücken. Mit dem Mehl, dem Ei und den geriebenen Äpfeln zu einem Teig verarbeiten.

3. Den Kartoffelteig auf einer bemehlten Arbeitsfläche ca. 1 cm dick ausrollen. Mit einem Messer 10 x 10 cm große Quadrate ausschneiden, etwas Apfelfüllung auf dem Teig verteilen und Klöße formen.

4. Wasser in einem großen Topf zum Kochen bringen und die Klöße darin ca. 15 Minuten ziehen lassen. Mit der restlichen Apfelfüllung servieren.

Kirsch-Knödel

Zutaten für 4 Personen:

500 ml Wasser
100 g Butter
1 EL Zucker
300 g Mehl
6 Eier
250 g entsteinte Kirschen
Salz
Butterschmalz zum Ausbacken

Zubereitung:

1. Das Wasser mit der Butter, 1 Prise Salz und dem Zucker aufkochen. Das Mehl auf einmal dazugeben, glatt rühren und so lange weiterrühren, bis sich ein Kloß bildet, der sich vom Topfboden löst. Vom Herd nehmen und abkühlen lassen.

2. Nach dem Abkühlen des Teiges die Eier einzeln einarbeiten. Den Teig auf einer bemehlten Arbeitsfläche zu einer Rolle formen, portionieren, mit jeweils mehreren Kirschen füllen und zu Knödeln formen.

3. Wasser erhitzen und die Knödel darin 10 Minuten ziehen lassen. Die Knödel aus dem Wasser nehmen und abtropfen lassen.

4. Butterschmalz in einem Topf mäßig erhitzen und die Knödel darin goldbraun ausbacken.

Register

Genehmigte Lizenzausgabe
EDITION XXL GmbH
Industriestraße 19
64407 Fränkisch-Crumbach 2016
www.edition-xxl.de

Idee und Projektleitung: Sonja Sammüller
Layout, Satz und Umschlaggestaltung:
design cat GmbH

ISBN 978-3-89736-198-0

Bildnachweis:
Shutterstock: 8th.creator Cover Back, 2, 4, 9, 14, 15, 20, 25, 30–32, 36, 37, 43, 47, 49, 65, 71; Africa Studio 38, 70; AnastasiaKopa 63; Andrei Zveaghintev 70; Ariene Studio 18, 44; AS Food studio 68; baibaz 72; Bernd Juergens 35; bitt24 4, 16; Brent Hofacker 21; Chamille White 58; Chiociolla 79; christina_pauchi 70; cobraphotography Cover Back, 27; Daria Minaeva Cover Back, 15; Dionisvera 3, 5, 9, 11, 18, 20, 26, 39, 60–61; exopixel 16–19, 23, 41, 47, 54–55; Gerisima 34;Gyorgy Barna 55; HLPhoto 46, 58; Ideya 37; inxti Cover Back, 13, 25; Joanna Dorota 22, 61; Karl Allgaeuer Cover Front, 25, 47, 57, 59, 65; KucherAV 32, 48, 56; Luci Photography 73; Madredus Cover Back, 2-79; mama_mia 2, 20; MaraZe 40; Marek Walica 45; Marysckin Cover Back, 5, 51, 53, 62, 65–66; Monash 8, 11–13, 16, 19, 21, 23, 25, 27, 29, 32, 35, 37–43, 45–46, 49–50, 53–55, 57–60, 62–63, 65, 67, 69, 71, 72, 74, 76–78; Natasha Breen 71; Nattika 17, 42, 52, 63; Nattstudio 3, 15; Ossile 10; PeJo 5; pingpongcat 50; Pinkyone 30, 67; revers 2, 4-5, 7–21, 23–29, 31–43, 45–60, 62–79; Sea Wave 12; SeDmi 34–35; Stepan Bormotov 43, 75; Syda Productions 77; Tatjana Splichal 74; Tatyana Vyc 68; Tiger Images 11, 60; Valentin Agapov 5, 10, 18, 29, 38, 48, 60; VICUSCHKA 30–31, 75; Viktor1_shutterstock 2, 12–15, 53, 73, 77–78; violeta pasat 6